48
$L6. 1244.$

DES

TROIS PROJETS DE LOIS

SUR

LES PUBLICATIONS.

DE L'IMP. DE C.-F. PaTa..

DES

TROIS PROJETS DE LOI

SUR

LES PUBLICATIONS.

Par A. CAUCHOIS-LEMAIRE.

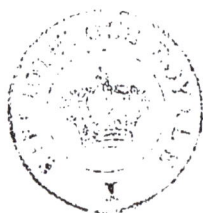

PARIS,

A la Librairie Constitutionnelle de Brissot-Thivars, rue Neu
des-Petits-Pères, n° 3, près la place des Victoires;
Et chez les marchands de nouveautés.

Mars 1819.

DES

TROIS PROJETS DE LOIS

SUR

LES PUBLICATIONS.

On n'a pas besoin, pour un pareil sujet, de solliciter l'attention : tout exorde même est superflu : le triple projet de loi occupe quiconque s'occupe des intérêts de la France et des siens propres. Chacun sait que la liberté de la presse est la devancière et la sauvegarde de toutes les autres libertés ; qu'avec elle viendront nécessairement les garanties qui nous manquent ; que nous perdrions bientôt, sans elle, le peu que nous avons obtenu : chacun sait qu'il y va pour lui de tout ce qu'il a de plus cher comme citoyen et comme individu. Les circonstances sont telles que notre indépendance, comme nation, y est elle-même intéressée.

Tant de graves conséquences font à chacun un devoir de se prémunir contre un entraînement qui, pour être honorable, n'en est pas moins dangereux. La loi des élections vient de sortir triomphante d'une lutte périlleuse ; durant cette lutte, si l'on juge de la conduite par les discours, on a vu le ministère se ranger du côté de la nation : le ministre chargé de présenter les trois projets soumis aux chambres et à l'opinion, a fait entendre, il y a peu de jours, à la tribune, de courageuses vérités. La loi proposée offre dans plusieurs de ses parties d'incontestables améliorations ; par elle, les entraves du 9 novembre sont brisées ; enfin, comme pour mettre le comble à nos espérances, un homme dont la présence serait redoutable, ne fût-il armé que des plus justes lois, va, dit-on, être dépouillé de la magistrature. Voilà bien des motifs de reconnaissance et de joie ; gardons - nous cependant d'en être éblouis ; et pour que tous ces bienfaits ne deviennent pas, par notre faute, autant de pièges, n'en scrutons pas d'un œil moins sévère et moins défiant les intentions du ministère. Le texte des trois projets est là : que rien n'échappe à l'examen, ni la teneur et le nombre des articles, ni l'ordre et la corrélation de ces articles, ni la forme adoptée, ni l'époque choisie : pesons jusqu'aux syllabes, interprétons jusqu'aux réticences ; car rien de tout cela n'est indifférent : les tribunaux nous l'ont appris ; et cette législation sur la presse une fois adoptée, de nouvelles leçons seraient inutiles : l'occasion est heureuse, unique peut-être, sachons en profiter.

Ceci est plutôt une invitation qu'une promesse : la rapidité nécessaire de ce travail ne nous permet pas d'approfondir, mais seulement d'indiquer ce qui mérite d'être approfondi : nous voulons moins discuter que provoquer la discussion, et appeler les regards sur les points qui nous ont frappés : c'est une mission toute de zèle et de franchise : les lumières et le discernement du lecteur feront le reste.

EXPOSÉ DES MOTIFS.

Cet exposé est recommandable par une déclaration de principales, d'une sincérité e d'une évidence de raison auxquelles on ne no s avait pas accoutumés : il l'est aussi par une extrè me justesse et souvent par un rare bonheur d'expression : il y a tels passages après les quels on voterait la loi d'enthousiasme.

Pourquoi faut-il qu'un discours, dont le dé-
but est d'une vérité si noble, on pourrait dire
si majestueuse, donne lieu, par la suite, à
des remarques et à des suppositions pénibles ?
Le défaut d'unité, des omissions, des phra-
ses vagues, des transitions plus oratoires que
logiques, une sorte d'incohérence dans le
style qui trahit la divergence des idées, et par-
fois enfin des contradictions manifestes, gâtent
ce beau discours et font naître des soupçons
dont on s'afflige, mais qu'on ne peut repousser·
Il en est un surtout auquel on s'arrête malgré
soi : il semblerait que cette œuvre, achevée
d'abord d'un seul jet, a été plus tard retou-
chée et modifiée à diverses reprises et par diffé-
rentes mains ; qu'elle se trouve aujourd'hui, par
des sutures et des interpollations, appropriée
à un système dans lequel elle n'a pas été conçue:
le fond et la couleur générale, les idées sai-
nes qui percent et se reproduisent jusqu'à la
fin, décèleraient en effet une inspiration ori-
ginairement plus franche et plus libérale. Non,
ce n'est point en terminant un discours qui pro-
clame que les délits de la presse ne sont pas
des délits spéciaux et qui condamne certaines
productions de la presse à une législation spéciale ; qui annonce aux feuilles périodiques

un commencement d'émancipation comme un complément indispensable de la liberté de la presse, et qui déclare que les feuilles non périodiques vont cesser d'être libres, qui, *avantage*, sans compensation, l'étranger au détriment du citoyen, et l'invite en quelque sorte à intervenir dans nos débats ; qui, enlève par une loi, dont l'effet sera rétroactif, à tout écrivain, à tout éditeur pauvre, sa propriété intellectuelle et industrielle, pour que le monopole de la pensée soit dévolu à la richesse par privilége exclusif ; non, ce n'est point en terminant l'exposé d'un projet de législation si contraire à nos libertés, à notre indépendance, à l'égalité des droits, que l'orateur a pu dire qu'un pareil projet était *conçu de bonne foi et avec confiance*. On ne démontre pas, mais on sent que ce mouvement dicté par le cœur était à sa place après la première rédaction du projet ; que des changements funestes sont survenus, et que le mot échappé a survécu à la chose. Quoi qu'il en soit, le discours tel qu'il est promet beaucoup plus encore que la loi ne tient : mais quelques réflexions doivent précéder l'examen de cette loi.

DES CIRCONSTANCES.

Il faut faire la part des circonstances : cet axiome politique a été long-temps à l'usage de l'autorité : l'abus qu'on en a fait n'empêche pas qu'il ne soit fort juste et fort utile : on l'a constamment reproduit contre la liberté ; on s'en est abstenu quand il pouvait servir à la liberté. Nous insistons pour qu'on prenne aujourd'hui les circonstances en considération. Il est nécessaire de deviner ici tout ce que nous voulons dire dans le peu que nous dirons : nous serons intelligibles, la pensée publique nous en est garant.

Rappelons un passé encore récent : les faits ne sont plus, mais les auteurs de ces faits n'ont pas quitté le poste qu'ils occupent depuis quelques années, et la plupart ne peuvent ni ne doivent le quitter : ils ont des antécédents, ils ont des habitudes, ils ont des opinions connues, peu capables de rassurer ceux qui auront affaire à leur justice. Accoutumés à franchir, à briser même les obstacles, mais surtout habiles à les éluder, à élargir les voies, ou bien à s'en tracer de sinueuses pour parvenir, par une marche dérobée, au but qu'ont marqué leur intérêt et la volonté d'autrui, il faut, pour les contenir, les environner d'inexpugnables remparts, il faut les garotter.

L'on prétend que les meilleures institutions, si elles sont naissantes, ne peuvent être que mauvaise avec certains hommes : l'assertion est tranchante ; mais il en résulte, du moins, qu'avec ces hommes les institutions ne sauraient être trop bonnes. Si on ouvre la moindre porte aux interprétations et à l'arbitraire, tout est perdu : ce que le reste a de libéral n'est qu'une ironie cruelle, et prête des arguments à quiconque veut calomnier le système constitutionnel.

Il est difficile de concevoir la liberté de la presse sans un jury autre que le jury actuel : le temps a manqué, dit-on, pour s'occuper d'une organisation nouvelle : il est vrai que l'attaque dirigée contre la loi des élections, attaque qu'il n'a été possible, sans doute, ni de prévoir ni de prévenir, a fait perdre beaucoup de temps qu'on aurait employé à préparer un projet de loi sur le jury ; mais du moins cette circonstance devait-elle tourner au profit du projet de loi sur la presse : il est indispensable, si, de bonne foi, l'on veut affranchir la pensée, de multiplier d'un côté les garan-

.ties, puisque de l'autre , elles sont ajournées.

Une dernière et importante circonstance dont les chambres , à défaut du ministère , feront assurément là part, c'est celle de nos relations , telles qu'elles doivent être , avec les puissances étrangères. Certes, le moment est mal choisi pour leur accorder des priviléges , et pour armer contre notre nous de nos propres lois ceux que ces lois ne peuvent atteindre.

Cette courte énumération est suffisante : les réflexions qu'elle aura éveillées agrandiront le cercle des applications qui , dans le cours de cet examen , seront fréquentes et faciles à saisir et à préciser.

DE LA DIVISION EN TROIS PROJETS DE LOI.

Les deux premières divisions ne sont point arbitraires ; c'est, en raccoursi e, le Code pénal et le Code de procédure. Spécifier les crimes et les délits, ainsi que les peines auxquelles ils exposent ; énoncer le mode de poursuite et de jugement ; voilà deux parties dont la distinction est nécessaire , dérive de la nature des choses ; mais la troisième , sur quoi est - elle fondée ? 'cest évidemment un hors d'œuvre, une loi de catégorie. Elle rentrerait toute dans

la première si elle n'était toute d'exception.
Les deux projets qui la précédent complè-
tent la législation sur la presse ; le der-
nier projet est extrà-légal ; c'est une fantai-
sie du pouvoir. Retranchez ce projet, que
manque-t-il? c'est ce que la triple division
a l'avantage de faire toucher au doigt : elle
a encore un avantage, c'est que les chambres peuvent, sans sacrifier ce qu'il y a d'utile,
ne point admettre ce qui est pernicieux.
Qu'elles amendent les deux premières lois,
qu'elles rejètent la troisième, et nous aurons,
sauf le jury, une législation sur la presse, tout
à la fois excellente et complète. Il faut croire
aux bonnes intentions : peut-être est-il entré
quelque espérance de rejet dans cette proposition ainsi divisée? Remarquez d'ailleurs que
la dernière section du discours de S. E. le
garde des sceaux est le démenti perpétuel des
principes, ou plutôt, comme le dit l'orateur,
des *faits* établis dans la section premièrs, et
que celle-ci est la réfutation formelle de celle-
lài. Passons aux articles.

DE LA DIFFAMATION ET DE L'INJURE PUBLIQUE.

Quand de pareils mots viennent à être pro-

noncés, surtout au milieu d'une assemblée
nombreuse , il s'élève dn fond du cœur
comme un préjugé défavorable qui offusque
le jugement : on a peur de paraître approuver
la chose, si l'on analyse l'expression , si l'on
prévoit l'extension abusive qui peut lui être
donnée ; et, par un mouvement d'ailleurs très-
louable , on est prêt à senctionner toutes les
mesures répressives que l'autorité réclame à
la faveur de cette expression dont elle a souvent calculé l'effet. A coup sûr, la définition
et l'injure sont proscrites par la morale : il n'est
pas question d'en prendre la défense , mais
de savoir jusqu'à quel point la diffamation proposée est exacte ou vague, jusqu'à quel point
ce vague peut prêter à des interprétations qui
sont bien autrement nuisibles à la morale, puis-
qu'elles livrent le faible aux caprices d'un
ennemi puissant.

« Toute *allégation* ou imputation (1) d'un
» fait qui porte atteinte à l'honneur ou à la
» CONSIDÉRATION de la personne ou du CORPS
» auquel le fait est imputé, est une diffama-
» tion. »

---

(1) Premier projet de loi , chap. IV, art. 9.

Allégation n'est pas clair à côté d'imputation, et dans une loi tout ce qui n'est pas
clair est funeste à l'accusé qui n'a pour lui
que son innocence: n'oublions pas de faire la
part des circonstances. CONSIDÉRATION. AVEC
ce mot on remplira les prisons quand on voudra
et l'on ruinera qui l'on voudra. Nous avons le
jury; mais ne perdons pas de vue que notre
jury n'est qu'une commission. *Considération*
se rapporte bien moins aux qualités morales de
l'homme qu'à son rang et à ses titres. Quoi donc !
les vicomtes et les marquis seront-ils à l'abri
des sifflets sous la protection des tribunaux ?
Ne pourra-t-on alléguer, sans crime, qu'on a
eu raison de ne pas monseigneuriser un ministre ? *Honneur* s'entend, il est français; il ap-
partient à tous: *Considération* est trop noble,
c'est un terme de privilégiés : la seconde chambre ne saurait l'admettre. L'esprit de *corps* est
déjà bien susceptible et bien despotique ; il
faut se garder de lui fournir des moyens de
vengeance qu'ils ne tarderait pas à rendre
terribles. Surtout que *l'atteinte à la considé-*
ration des corps ne passe pas en loi : il est de
fait qu'on ne pourrait se moquer ni du bonnet
quarré, ni du rabat, ni de la robe de messieurs
les juges; car il est de fait qu'ils sont ainsi af-

fublés, et Racine et Molière seraient légale-
ment condamnés. Tout cela est donc beaucoup
trop vague. Il serait bon au moins de définir
ce qu'on entend par corps: les médecins, les
avocats, les procureurs forment des corps; il
serait mieux de définir les cas extrêmement
rares où la solidarité des membres d'un corps
en fait un être unique, un individu que l'on
peut véritablement diffamer par la calomnie.
Il serait utile de ne pas soustraire à la censure
de l'opinion les corps que l'on peut difficile-
ment déconsidérer ou diffamer, s'ils ne se dif-
fament ou ne se déconsidèrent eux-mêmes;
car la loi doit être faite, non dans l'intérêt de
quelques personnes ou de quelques corps,
mais dans l'intérêt de la morale publique.

N'a-t-on pas été induit mal à propos à por-
ter des peines contre les injures et les diffama-
tions (1) dont les chambres peuvent être l'objet,
par l'apparente similitude qu'elles ont avec les
cours et les tribunaux? Comment pourrait-on
diffamer aux yeux de la nation une chambre

---

(1) *Ibid.* Art. 12. La diffamation ou l'injure envers l
chambres ou l'une des chambres, sera punie d'un em
prisonnement de trois mois à trois ans, et d'une amend
de trois cents à cinq mille francs.

nationale? une chambre qui ne serait pas nationale, au contraire, ne serait-ce pas un devoir de la diffamer si elle ne se chargeait
elle - même de ce soin? quant à l'injure,
qu'importe? il faudrait plaindre la chambre qui
descendrait dans l'aràne pour se mesurer contre l'aggresseur. Il n'y a donc point d'uti-
lité, et il y a de grands inconvénients : pour
obtenir toute la vérité, il faut tolérer même
l'invective. La solennité de la délibéraion, en
cas de poursuites ne nous rassure pas : la
chambre de 1815 n'aurait pas été diffamée im-
punément. Après un pareil exemple, l'article
que nous combattons est jugé : qui sait ce qui
nous est réservé? et la tyrannie législative est
la pire de toutes. Il y a peu de jours, une réac-
tion était imminente : n'en perdons pas le sou-
venir.

Les articles 15 et 16 doivent être cités tex-
tuellement : ils sont étrangers, et il est à croire
que le rédacteur lui-même n'en a pas aperçu
les conséquences ; les voici :

Art. 15. « La diffamation ou l'injure envers
» les souverains et les chefs des gouverne-
» ments étrangers sera punie d'un emprison-
» nement de *trois mois à trois ans*, ET d'une

2

» amende de *trois cents francs à cinq mille*
» *francs.* »

Art. 16. « La diffamation envers les ambas-
» sadeurs, ministres plénipotentiaires, en-
» voyés, chargés d'affaires, ou autres agents
» diplomatiques accrédités près du roi, sera
» punie d'un emprisonnement de *huit jours à*
» *dix-huit mois*, et d'une amende de *cin-*
» *quante francs à trois mille francs*, ou de
» l'une de ces deux peines seulement, selon
» les circonstances. »

Lisons maintenant l'article qui concerne les
citoyens, ceux qui ne sont que Français :

Art. 17. « La diffamation envers les parti-
» culiers sera punie d'un emprisonnement de
» *cinq jours à un an*, et d'une amende de
» *vingt-cinq francs à deux cents francs*, ou
» de l'une de ces deux peines seulement, se-
» lon les circonstances. »

» L'injure contre les particuliers sera punie
» d'une amende de *seize francs à cinq cents*
» *francs.* »

Si ce projet de loi eût paru pendant l'occu-
pation de notre territoire, nous supposerions
qu'une influence étrangère a présidé à l'inser-
tion de deux articles que nous venons de si-
gnaler. Nous n'irons pas jusqu'à le supposer

aujourd'hui ; mais alors il faut avouer que si l'étranger ne nous dicte pas des lois, nos législateurs le servent à merveille : il ne ferait pas mieux.

La valeur des mots, leur définition, fût-elle aussi rigoureuse qu'elle l'est peu, disparaît ici: Dès qu'un souverain déclare cette espèce de guerre à un simple citoyen, ce n'est pas pour s'en retourner vaincu : l'auteur de cette brochure en a fait l'expérience : l'inquisition espagnole a trouvé des vengeurs parmi les magistrats d'un gouvernement constitutionnel. Les souverains, va-t-on dire, dédaigneront d'aussi misérables querelles : pourquoi donc leur ouvrir la lice ? Mais, nous le répétons, nous avons l'expérience personnelle du contraire. Nous avons habité long-temps un pays où la diplomatie, à la faveur d'une loi de complaisance, (1) analogue à l'article 115 qui n'est heureusement qu'en projet, a envahi les tribunaux, les presses, et jusqu'à la représentation nationale : nous avons vu l'étranger puissant aux prises avec le citoyen et le citoyen succomber constamment: nous avons vu la liberté de la presse succomber

(1) La loi dite des 500 florins.

elle-même sous le poids des amendes et des inévitables condamnations. On connaît la censure en France, mais on n'a aucune idée de la censure diplomatique.

Bientôt, si, n'importe à quel titre, n'importe sous quel prétexte, n'importe avec quelle précaution, un accès est donné à cette ombrageuse censure, bientôt tout examen critique de la politique étrangère sera une diffamation, toute observation sur un grand, si elle n'est pas une flatterie, sera une injure. Allons plus loin : si l'étranger, au-delà des mers, ou derrière ses baïonnettes, trame une intrigue dont les fils correspondent jusque chez nous ; s'il conspire la ruine de nos libertés intérieures ; s'il menace notre indépendance extérieure, pourquoi n'aurions-nous pas le droit de le diffamer ? Cet article, glissé à l'improviste, est suspect : il couvre quelque piége. On sent tout ce qu'il y aurait à dire ; mais le temps presse, il faut abréger. Quant à l'article de faveur qui concerne les envoyés diplomatiques, un mot suffira : dans les pays dont nous venons de parler, un an après l'adoption de la loi que nous avons rappelée, un second projet, qui accordait une faveur semblable aux envoyés diplomatiques, fut rejeté.

Nous conjurons la chambre de prendre en considération les circonstances : quand on est faible il n'y a point de générosité, mais beaucoup d'imprudence à faire des concessions : les princes au-delà de leurs frontières ne sont plus que des individus : qu'ils aient droit de se plaindre et d'attaquer, soit ; mais qu'il y ait réciprocité, et que s'ils succombent ils soient assujétis à des dommages intérêts. Sans cela, la justice n'est qu'un privilége au bénéfice de l'étranger. Ce privilége, dans tous les temps, serait odieux : aujourd'hui, il serait de plus humiliant et impolitique.

DE LA POURSUITE ET DU JUGEMENT.

Nous ne ferons qu'effleurer ce second projet, il nous tarde d'arriver au troisième. Deux articles nous frappent, le septième et le quatorzième ; celui-ci est alarmant, car à lui seul il rendrait vaines toutes les améliorations que quelques autres articles nous présentent : celui-là inquiète plus par le mot que par la chose. Il autorise la saisie (1), non plus avant

----

(1) Art. 7. Immédiatement après avoir reçu le réqui-

la publication, mais avant le jugement. Mais ici le mot est beaucoup, il rappelle des habitudes invérérées, il invitéà y retomber. Enfin, c'est une saisie préventive : elle n'est pas juste, c'est une déviation des principes établis ; on doit s'en défier, surtout si l'on considère quel mince avantage il y aurait dans tout autre intérêt que dans celui du pouvoir à ne pas retarder jusqu'au prononcé du jugement la saisie, que l'on consente à defférer jusqu'après la publication.

Art. 14. « Les délits d'injure seront jugés par » les tribunaux de police correctionnelle, sauf » les cas attribués aux tribunaux de simple » police. »

Ce petit article qui semble jeté au hasard, et qui est comme noyé au milieu des autres, ne peut subsister sans anéantir tout ce que le projet a d'un peu libéral. Il ne sera pas difficile en effet, pour éviter le jury, d'attaquer

---

sitoire ou la plainte, le juge d'instruction pourra ordonner la saisie des écrits, imprimés, placards, dessins, gravures, peintures, emblêmes, ou autres instruments de publication.

L'ordre de saisir et le procès-verbal de la saisie seront notifiés dans les trois jours de la date de la saisie, à la partie sur laquelle elle aura été faite.

en injure celui qu'on avait attaqué en diffamation : les peines sont moins fortes , il est vrai,
mais avec les récidives on se retrouve. Dans certains temps , avec certains tribunaux , si l'on
a résolu de perdre un écrivain, on le perdra,
grâce à cette unique exception : il est donc
indispensable de renvoyer par devant le jury
les procès pour injures comme tous les autres :
par cette seule brèche l'arbitraire s'emparerait
de la place qu'on aurait inutilement fortifiée
sur tous les autres points.

DES JOURNAUX ET ÉCRITS PÉRIODIQUES.

Détachons encore ici un petit article avant
d'en venir au point principal.

Art. 7. « Les éditeurs de tout journal ou
» écrit périodique ne pourront rendre compte
» des séances secrètes des chambres ou de l'une
» d'elles sans leur autorisation ».

Peut-être qu'avant la proposition de M. Bar-
thélemy nous ne nous serions pas appesantis
sur cette disposition; mais il est si vraisem-
blable que la clameur qu'elle a excitée a em-
pêché qu'elle ne passât à la seconde chambre,
et qu'elle ne vînt, sous la forme d'un projet de
loi, nous surprendre et nous terrasser à l'impro-

viste, qu'il nous est impossible de ne pas redouter les inconvénients du secret des délibérations. Il serait d'ailleurs trop facile à une nouvelle chambre de 1815 d'en abuser et de décider, à huis clos, de nos plus chers intérêts : à la longue même, toute chambre en abuserait, car le secret est commode ; mais comme dans certain cas aussi il devient indispensable, et comme ces cas sont et doivent être très-rares, il nous semble qu'afin de tout concilier, l'art. 7 pourrait être amendé dans ce sens :

« Les éditeurs d'aucun journal ou écrit périodique ne pourront rendre compte des séances secrètes toutes les fois que les chambres en auront fait la défense. »

A présent, rétrogradons vers le premier article, et parlons du nouveau monopole que l'on veut établir.

Si quelque chose pouvait faire douter de la bonne foi des auteurs du triple projet, ce serait le projet de loi sur les journaux et les écrits périodiques. Il semble qu'on ne nous ait fait d'abord quelques concessions, qu'on ne nous ait alléchés par une pompeuse déclaration de principes, par quelques améliorations légères, comme une prescription plus prompte et la liberté sous caution, que pour nous faire recevoir avec plus de docilité, sous le nom de *complément de la liberté de la presse*, de nouvelles entraves à cette liberté. On nous retire d'une main ce qu'on nous avait accordé de l'autre; et l'on nous fait payer avec usure des concessions dont il ne nous sera presqu'impossible de jouir.

Le ministre vient et nous dit: « Nous abjurons enfin une longue erreur, la presse rentre, comme tout autre instrument d'action, dans le droit commun.... En conséquence les journaux doivent être soumis à une législation spéciale: ce n'est pas tout, sous la dénomination des journaux, nous comprendrons une foule d'écrits qui ne sont pas des journaux, afin d'avoir l'occasion de les livrer aussi, par suite du droit commun, à la législation spéciale. Ainsi de notre pleine autorité nonobstant clameur de l'académie et du bon sens, nous changeons la signification des mots et nous faisons violence à la nature des choses, nous déclarons périodiques ce qui ne paraît pas périodiquement, et à l'aide de cette définition ce qui est irrégulier étant nécessairement devenu régulier, nous attendons à cette foule d'écrits l'abus des priviléges dont ils avaient été jusqu'alors exempts. Ainsi une usurpation partielle et tolérée devait, par une similitude arbitraire et purement nominale, le prétexte d'une usurpation infiniment plus étendue qui, si elle est tolérée à son tour, entraînera l'asservissement général de la presse que nous nous vantons d'émanciper.

En principe, les feuilles quotidiennes n'étant ni plus ni moins coupables, par leur nature, que tous les autres écrits imprimés, et les unes et les autres devraient être soumises à une législation commune; il en est ainsi dans tous les pays vraiment libres; mais enfin il n'en est pas ainsi en France. En substituant un cautionement à la censure, on adoucit peut-être la situation de quelques éditeurs riches; mais en assujétissant sous ne nom de *feuilles périodiques* les feuilles non périodiques à un cautionnement, on empire certainement le sort des éditeurs de ces feuilles. Disons la vérité; on les ruine pour la plupart. Et de quel droit, par une périodicité fictive, vient-on changer la nature d'une spéculation entreprise sur la foi de l'acception naturelle des mots? C'est un attentat véritable à la propriété. Qu'est-ce donc que cette prétendue liberté qu'on nous apporte? On assimile déjà, par le nom et par les précautions, des publications jusqu'à présent distintes : le timbre suivra bientôt si la périodicité est reconnue : de là, à une influence plus ou moins dircte, telle que le pouvoir l'exercera toujours sur les journaux, il n'y a qu'un pas. Encore une fois, cette liberté de la presse n'est-elle pas dérisoire?

N'est-elle pas dérisoire cette liberté qui crée des priviléges au profit de la richesse, et lui livre le monopole de la pensée; qui d'un mot supprime des publications nombreuses, indépendantes, utiles, et auxquelles on ne

peut reprocher d'avoir causé le moindre trou-
ble, qui enlève à tous les éditeurs des journaux de province (car quel est celui fournira
pour un si mince bénéfice une somme si con-
sidérable?), qui enlève un bien qu'exploitaient
de simples citoyens pour le faire tomber sans
doute entre les mains du préfet ou de quel-
qu'autre autorité locale ?

Si le projet passe, tout est en proie à l'oli-
garchie de la fortune et de la puissance; car
bientôt on n'annoncera dans les feuilles que les
ouvrages qu'il sera permis ou prudent d'an-
noncer. Si le projet passe, le titre, la forme,
l'époque de l'apparition de chaque brochure,
seront soumis à des interprétations toujours
plus arbitraires; y a-t-il bien un mois que vous
avez paru? n'y a-t-il pas un mois moins quelques jours? ce titre est-il le même ou bien
est-ce un autre titre? quelle inquisition !

Et comment faire encore pour tout prévoir,
pour obvier à tous ? A quels signes caractéris-
tiques reconnaîtra-t-on maintenant périodicité?
car on se perd dans un l'abyrinthe quand on
abandonne le droit et large chemin de la justice et de la raison.

Ministres, vous aurez beau faire : l'opinion
plus forte que vous, sera aussi plus habile :
vous croirez la tenir captive parce que vous
l'aurez saisie sous toutes les formes qu'elle a
prises jusqu'à présent : vous vous serez trom-
pés : elle vous échappera encore chassée des
feuilles quotidiennes, elle s'était refugiée dans

les feuilles semi-périodiques. : bannie de ce refuge, elle reparaîtra, comme protée, sous mille noms, sous mille travestiments divers : vous la surprendrez encore. Un volume par mois lui offrira un asile où le public avide viendra la chercher : vous déclarerez enfin le volume périodique : alors formez toutes les bouches; car un seul écrivain, un seul, l'apparition de chaque feuille échappée à sa plume véridique aura en aussi peu de temps un aussi grand nombre de lecteurs que si les iecteurs s'étaient des abonnés : ils souscriront d'avance *in pelto* pour tous ses ouvrages, et les guetteront à la poste.

En résumé les deux premiers projets de loi, à quelques articles près, dont Il faut amender les uns et retrancher les autres pour ne nous livrer ni au despotisme de la police ni à la tyrannie étrangère; ces deux projets de loi peuvent satisfaire quiconque fait la part des circonstances : [le troisième projet esi cauteleux, injuste, illibéral, ils est de plus inutile.

Nous avons dit la vérité : nous ne demanderons point pardon au lecteur de ne le lui avoir pas dite en meilleur style : ici la franchise et l'a-propos sont tout.

FIN.

(Par J.-B.-C. de Riambourg,
d'après Barbier.)

LES PRINCIPES

DE LA RÉVOLUTION

FRANÇAISE

Définis et discutés.

www.ingramcontent.com/pod-product-compliance
Lightning Source LLC
Chambersburg PA
CBHW060522210326
41520CB00015B/4274